AF177551

Albert Spiegel

Margots Gedichte

Margots Liebe zu Gedichten

Gesammelte und Eigene

Herausgeber Albert Spiegel

Tredition Verlag

Herausgegeben von Albert Spiegel ©2020

Umschlagbild: Margot in Landshut 1944

Verlag & Druck: tredition GmbH, Halenreie 40-44, 22359 Hamburg

ISBN Paperback: 978-3-347-13071-5
ISBN Hardcover: 978-3-347-13072-2
ISBN E-Book: 978-3-347-13073-9

Vorwort

Margot war meine Mutter: Margot Spiegel, geb. von der Heyde, geb. am 24. Oktober 1908 in Salvador, Bahia, gest. am 4. Mai 2001 in Konstanz am Bodensee im Alter von 92 Jahren.

Bis sie 9 Jahre alt war lebte sie in Brasilien als Tochter des deutschen Konsuls in Bahia und dann in Sao Paulo. Von 1917 bis 1922 in Schweden, Dänemark und Deutschland und dann bis 1927 in Caracas. 1928 in Berlin starb ihr Vater und sie musste, 19jährig, selbständig für sich sorgen. Sie hatte keine Ausbildung, war nur ein Jahr 1921 in Hamburg auf einer öffentlichen Schule und ansonsten von Gouvernanten unterrichtet. Sie engagierte sich als Gutssekretärin und 1932 als Sekretärin in einem Bank-Projekt in Teheran, Iran. Dort lernte sie ihren Mann kennen, Erwin Spiegel, Exportkaufmann, den sie 1935 heiratete. Bis 1941 lebten sie mit den beiden 1937 und 1940 geborenen Kindern in Teheran. Ihr Mann wurde von den britischen Besatzungstruppen im August 1941 interniert und nach Australien in ein Lager verbracht, Margot schaffte es noch im Juli 1941 mit den beiden Kleinkindern über die Türkei nach Bayern zu reisen, wo sie bis 1947 blieb, die letzten 3 Jahre auf einem

Bauernhof in Altfraunhofen bei Landshut, Niederbayern, wo sie mit den Kindern in einem Zimmer hauste.

Nach sechseinhalb Jahren Trennung von ihrem Mann gelang ihr mit den Kindern die Ausreise in die Schweiz und von dort per Flug die Reise über Amerika nach Sydney zu ihrem Mann. Aus dieser Trennungszeit gibt es zahllose Briefe der beiden. Nach zweieinhalb Jahren in Sydney gingen meine Eltern nach Teheran zurück, blieben dort 10 Jahre bis 1960, lebten dann 10 Jahre in Leverkusen und dann im Ruhestand noch dreißig Jahre in Kattenhorn am Bodensee.

Albert Spiegel

Bonn im August 2020

Die Gedichte

Margot schrieb leidenschaftlich gerne lange und schöne Briefe, vor allem ihrem Mann während der kriegsbedingten Trennungszeit und ihrer Mutter aus Teheran und Sydney. Und sie las gerne und sie liebte Gedichte. Sie hat viele Gedichte gesammelt, aus Zeitungen ausgeschnitten und in einem Notizbuch eingeklebt. Sie haben oft mit Alter, Herbst und Tod zu tun.

Margot hat auch selbst gedichtet, nicht viel, alle paar Jahre mal ein Gedicht. Ihre ersten Gedichte stammen aus der Zeit der Trennung von ihrem Mann, der Zeit des Krieges, und drücken ihre damit verbundenen Ängste und Sehnsüchte aus. Ihre späteren Gedichte, vor allem im Alter, gelten dann mehr der Natur, dem Leben und dem Lebensende.
I
Ihre Gedichte schreibe ich hier auf in der Reihenfolge der Jahre, in denen sie von ihr wohl geschrieben wurden. Außer den in ihrem Notizbuch gesammelten Gedichten hat sie auch einige, die ihr besonders viel sagten und die ihr besonders wertvoll

waren, handschriftlich abgeschrieben und mit ihren eigenen Gedichten zusammen aufgehoben.

Margot hatte immer ein besonders enges und liebesbedürftiges Verhältnis zu ihrer Mutter, die schon im Alter von 42 Jahren verwitwet war und sich die weiteren 50 Jahre, die sie noch lebte, vorwiegend um ihre fünf Kinder und die Familien kümmerte. Während der Kriegszeit blieb sie immer helfend in Margots Nähe. Und so gelten ihr auch erste Gedichte.

In einem Brief an ihre Mutter schrieb Margot am 1. Dezember 1947 aus Meggen in der Schweiz, wo sie auf die Ausreise nach Australien wartet und auf das endliche Ende der Trennung von ihrem geliebten Mann hofft: Liebste Mutti, diese wunderschönen Worte hat Gräfin Tiele mir neulich aufgeschrieben. Sind sie nicht wie aus der Jetztzeit geschöpft? Ich bin im Zug auf dem Weg nach Genf. Es ist mit der Abreise am Sonntag noch nicht ganz sicher, aber der Reisebüromann meinte... Ich bin müde heute Abend. Um 23 Uhr soll ich in Genf ankommen. [...] Hab Dich ja so lieb, mein Mütterlein. Schreib mir bald. Herta soll die Fotos nach Sydney schicken. Viele tausend liebe Grüße u. gute Wünsche. Deine Margot.

Aus Hermann und Dorothea:

Ich verlasse Dich hier, und – wo ich Dich
wiederfinde – wer weiß es? Vielleicht sind
diese Gespräche die letzten.

Nur ein Fremdling, sagt man mit Recht, ist
der Mensch hier auf Erden. Mehr als ein
Fremdling als jemals ist nun ein jeder
geworden.

Uns gehört der Boden nicht mehr, es
wandern die Schätze, Gold und Silber
schmilzt aus den alten heiligen Formen.

Alles regt sich, als wollte die Welt, die
gestaltete, rückwärts lösen in Chaos und
Nacht sich auf und neu sich gestalten.

Du bewahrst mir Dein Herz, und finden
dereinst wir uns wieder über den Trümmern
der Welt, so sind wir erneute Geschöpfe,
umgebildet und frei und unabhängig vom
Schicksal.

Denn – was fesselte den, der solche Tage
durchlebt hat.

Nach einem Musikabend bei dem befreundeten Arzt des Dorfes, Dr. Isemann in Altfraunhofen, 1944 oder 1945, schrieb Margot die folgenden Verse, die sie dann später auch in einem Brief an Erwin vom 22. August 1947 aus Meggen in der Schweiz, wohin sie es mit auf die Reise genommen hatte, nach Sydney so schrieb:

„Doch dann im Herbst, beeinflusst von religionsphilosophischem Gespräch u. Isemanns angebotener Freundschaft, nach einem Klavierabend, an dem Eva fast nur Schubert spielte, kamen mir folgende Verse:

Zu Impromptu von Schubert:

Mein Leben ging bis dahin nur gepflegte Wege
Im bunten Zickzack durch die weite Welt
Und Lieb und Freundschaft waren mir gesellt
Und halfen über alle schmalen Stege.

Und dann hat eines Augenblicks Gewalt
die tiefsten Gründe vor mir aufgerissen
aus denen dunkles ahnungsvolles Wissen
sich mächtig hebt zu drohender Gestalt.

Ein rasend Stürmen fegte fort, was mir vertraut.
Nichts hat Bestand mehr und mit grausen Tönen
hört Freundschaft, Treue, Opfer ich verhöhnen,
die meine Welt so sicher aufgebaut.

Da plötzlich traf mich starkes klares Licht
und wie zerschlagener Welle trübe Gischt
rückrinnend sammelt sich zu neuer Macht
fasst neue Form Gestaltloses der Nacht.

Und formt zu neuem mächt'gen Lebenslied,
was hoffnungslos und unvereinbar klang
und zeigt das unbetretene Reich des Geistes mir,
das Nur-Erleben zum Erlebnis zwang.

Erschüttert und noch fremd in diesem Land
Schau ich geblendet in die neue Welt,
die manche große Frage an mich stellt.

Margot schrieb aus Altfraunhofen an Ihre
Mutter, die in der Nähe auf dem Kisslinger
Hof wohnte, zu deren sechzigsten
Geburtstag am 25. Juli 1945:

„Als ich neulich in aller Frühe nach Altenburg
wanderte u. über die sich im ersten
Morgenlicht breitenden Felder zum
Kisslinger Hof hinübersah, fielen mir diese
Worte ein. Und weil es mir so selten
gegeben ist, zum Ausdruck zu bringen, was
ich empfinde, ließ ich mir vom Wirt in
Münchsdorf schnell Papier und Bleistift
geben u. schrieb sie für Dich auf.

Meiner Mutter zum 25. Juli 1945 (Geburtstag)

Denk ich an Dich, so falten sich
Ganz unwillkürlich meine Hände.
Als ob das Heiligste auf dieser Welt
Mit Deinem Namen sich verbände.

Ich habe viele Freunde auf der Welt,
Doch kann sich keiner mir wie Du verbinden.
Mich fasst ein Schmerz so grenzenlos und heiß

Bei dem Gedanken nur Du könntest mir entschwinden.

Und dann fällt mir ein altes Sprichwort ein,
das ich vor Jahren irgendwo gelesen.
Es heißt: Gott konnte nicht allgegenwärtig sein,
drum sind von jeher Mütter dagewesen.

So bist Du Mutter von Gott selbst geweiht,
Beschützerin des schutzlos Jungen auf der Erde.
Damit von Gottes Himmelsherrlichkeit
Ein Lichtlein schon hier unten sichtbar werde.

Aus einem Brief aus Altfraunhofen an Erwin in Sydney vom 22. August 1947:
Wovon soll ich nun schreiben – dass ich in einer tiefen Depression stecke? Ähnlich wie der im Mai vor einem Jahr, als dann die furchtbare Nachricht über Annies bevorstehenden Tod kam. Ich hatte gerade, völlig ungewollt, ein paar Verse aufgeschrieben, die mir jetzt immer wieder in den Sinn kommen:

Am Abend.
Ich möchte den Abend trinken wie einen schweren Wein
Und im Glanz der Abendsonne berauscht und gedankenlos sein.
Ich möchte den Abend anfangen wie ein geliebtes Kind
Bis dass alle Sorgen und Nöte mit ihm entschlafen sind.
Ich möchte am Abend empfangen einmal den schweren Tod
Und mit Nacht und Tau und Sternenschein erlöst sein von aller Not.

Und in einer früheren Fassung:
„Am Abend", 12. 5. 1946

Ich möchte den Abend empfangen
Wie ein geliebtes Kind,
bis dass alle Ängste und Sorgen
mit ihm entschlafen sind.

Ich möchte den Abend schlürfen
Wie einen schweren Wein
und im Glanz der Abendsonne
berauscht und gedankenlos sein.

Ich möchte am Abend empfangen
Einmal den schweren Tod
Und mit Nacht und Tau und Sternenschein
Erlöst sein von der Not.

In Teheran seit 1950, litt Margot vor allem unter der Trennung von ihren beiden Kindern, die in Deutschland im Internat waren. Sie waren während der Kriegszeit und bis 1950 ihr wichtigster Lebensinhalt gewesen. Jetzt galt ihr Alltag an der Seite ihres wieder kaufmännisch erfolgreichen Ehemanns Haushalt, Personal, gesellschaftlichem Leben und Repräsentanz, was sie seelisch immer mehr ermüden ließ. Sie lebten oberhalb von Teheran im höher gelegenen kühleren Golhak.

Teheran, Golhak 1951

Eben gingen noch die leichten heiteren Reden hin und her
Doch nun kam die Dämmerstunde
Und die Sehnsucht macht die Runde
Und die Herzen werden still und schwer.

Keine glatten Worte helfen mehr, den Anderen zu verstehen.
Die Gedanken fernab wandern
und der eine würde gern im Anderen
die Erfüllung seines Wunschtraums sehen.

Schweigen senkt die Flügel und geträumte Wege werden Wahrheit.
In dem nie gesehenen Land
Spürst Du selig nah Dir und verwandt
Die so fremd noch in des Tages Klarheit.

Wieder in Deutschland:

Undatiert

Die goldenen Sterne unserer ersten
Frühlingsfreude
verwandelt sind sie in die schwerelosen
grauen Federbälle, die unseres Atems Hauch
verweht – Goldregen schwingt im Garten
und der Seidelbast mit schwerem Duft
weckt schwüle Sommertage.
Doch noch stehen die Kastanien im Schmuck
der ernsten weißen Blütenkerzen.

Leverkusen, Oktober 1967

Wenn einst mein Leben still auslöschen
sollte,
so wünsch ich mir, es sollt ein Herbsttag sein
wie heute,
so wolkenlos und wie verklärt
von müden schrägen Sonnenstrahlen
und diesem feinen Dunst,
der allen Dingen ihre Härte nimmt.

Dann zünd mir eine Haushaltskerze an
Und schmücke sie mit einer Efeuranke,
die rötlich wurde von der Sonnenglut
auf altem Mauerwerk
und stell dazu die rosa Chrysanthemen,
nicht die lila blassen, die nach Verwesung
riechen,
denn noch lebe ich.

Und lass mich Schuberts letzten Satz
vom Tod und Mädchen hören –
wäre das nicht Harmonie

zu Kerzenlicht und Blumenschönheit
still verbrennt das Wachs
und wenn es auch nur eine Haushaltskerze
war –
die Flamme teilt sie mit den Kerzen am Altar.

Kattenhorn am Bodensee, 26. 3. 1979

Mit Schmerzen schlief ich ein,
mit Schmerzen wurde ich wach
noch bevor es tagte
und das Käuzchen noch schreit.

Dann trommelte ein Regen
Das Käuzchen fort
Und ich blieb sehr allein
In der Dunkelheit.

Camogli, Ligurien, Italien, 1974

Die Kirchturmuhr schlägt grell in große Stille,
ich sinne noch der Sonne nach, die mich mit
glitzerndem Band leitete, als ich am Ufer
ging und auf das Wasser sah.

Es schien, als sei für immer ich gebunden an
dieses Licht, das neben mir bei jedem Schritt
– obwohl sich viele Menschen eingefunden
– der Sonnenstreifen kam für mich nur mit.

Seit Kinderzeiten stell ich mir die Frage, wie
ist es möglich, dass das Sonnenlicht, durch
das die Welt lebt – und doch hier am Wasser
nur mir allein ein goldenes Seil zuwirft –
Ein heiteres Naturspiel der Allmachts-
Offenbarung

Kattenhorn, Bodensee, aus meinem Fenster,
1.11. 1981

Der Wind schläft ein,
nur noch das leichteste Zittern
läuft über des Wassers brunnendunkle Haut.
Ein weißes Boot liegt atemlos am Ufer
und auf dem Hügelrücken drüben
glänzt Abendlicht auf rot und goldenem
Laub.

Die Tannen stehn erstarrt mit weit
gespreizten Zweigen,
durch die die Sonne ihre letzten Strahlen
sendet.
Es ist der Augenblick, da sich der goldene
Tag
Der Dunkelheit der Nacht zuwendet.

Herbst – herrliches Aufleuchten allen
Lebens,
lass mir den Trost der reifenden Erfüllung,
lass mir den Glauben, dass das Altern nicht
vergebens
und immer neue Wege offenstehen.

Die Farbenpracht beginnt von See und Hügel
Sich auf in Himmelshöhen zu schwingen,
wo Silber Weißgold Rosenrot und Blau
in reinster Harmonie zusammenklingen.

Kattenhorn, 1983

Vergänglichkeit – wie schön sterben die
Rosen,
die Blätter fallen einzeln unversehrt schon
todbestimmt
noch samtne Frische atmend
in meine welke Hand, die sie vom Tische
nimmt.

In einem solchen Herbst möchte ich vergehn
Noch einmal glühen mit den goldnen Farben,
dann mit dem nassen Laub auf weicher Erde
liegen
und nicht mehr denken an das Auferstehn.

Kattenhorn, 6. 9. 1983

Herbstlicher Abend

Noch ist der Garten grün
Doch so unsäglich still
Als zöge jeder Baum den Atem ein;
Die Wolken sogen alles Sommerlicht hinweg,
zurück bleibt blässlich blauer Abendschein.

Am andern Ufer pfeift der letzte Zug –
Ich möchte fort in helle warme Länder
wo meine Jugend glücklich war.
Barmherzig hüllt der Nebel nun das Altern
ein,
die Schwalben nur versammeln sich
zum großen Flug.

Kattenhorn, 6. 9. 1983

Alle Wärme und Süße des Sommers
Verglüht in der letzten Rose
aller Duft des Sommers entschwebt
mit dem letzten Rasenschnitt
alle unerfüllten Wünsche
nehmen die Zugvögel mit.
Zurück bleibt stumme Ergebenheit
wie das willenlos taumelnde Blatt im Wind
das den bunten feuchten Teppich auslegt
unter dem die neuen Samen sind.

Ob die Saat noch einmal keimen wird
ob man noch einmal Kinder im Garten hört
ob der Sommer das letzte Leben mitnimmt
und die alte Erde kahl und zerstört
als kalter Mond im Weltall schwimmt.

September 1984, auf dem Weg nach Hause nach einer Operation im Städtischen Krankenhaus in Konstanz:

Ich bin kein frommer Christ – aber als ich in den frischen Wind und die Mittagshelle hinaus aus der Krankenhausluft trat, kam mir ein naiver Gesangsbuch Vers in den Sinn – nun aber steh ich, bin munter und fröhlich, schaue den Himmel mit meinem Gesicht. Dann die Fahrt durch die liebliche Landschaft. Der Wind schwang die bunten Ketten der Äpfel vor dem Brunnengrün und Stahlgrau des unruhigen Sees, den die Sonnenstrahlen in breiten Streifen erhellten, das spätsommerliche Einheitsgrün durchblitzt und durchfunkelt vom hellsten Gold und tiefem Rot – Rosen, Dahlien und Gladiolen und die riesigen Sonnenblumen.

28. 6. 1985 (?)

Immer wieder finden meine Hände
Sich gefaltet zum Gebet
Heute habe ich vor allem andern
Glück und Segen für meine Kinder erfleht.

Du fragst, von wem? Ich kann es Dir nicht
sagen –
Der, dem ich glaube und mich anvertraue
Ist so groß,
Ihn mit Worten festzulegen würde ich
niemals wagen
Sein Wesen, Macht und Geist sind
grenzenlos.

Kattenhorn, Januar 1985

Im Frost erstarrt die Nacht
Kein Stern am Himmel
Und kein Laut im Haus.

Hat kürzlich nicht ein weiser Mann gesagt
dass nach dem Höllenfeuer
dann die Eiszeit kommt
die letztes Leben löscht?

Denk es nicht aus,
Du altes Herz
Denn Deine Liebsten leben noch.

Kattenhorn, 90er Jahre

Bald wird es wieder soweit sein,
dass man am grünen Ufer steht
und warmer Sonnenschein
die müden Glieder bewegt.

Auch   der   Geist   erwacht   nach   der
Winternacht
Und öffnet sich weit der Herrlichkeit
Der blühenden farbigen Schönheit der Natur
Und am Ufer drüben die Kirchturmuhr
Zeiget kurz vor zwölf…

Kattenhorn, November 1992

Vom anderen Ufer schlägt die Turmuhr Vier
Mein Zimmer ist durchglänzt vom Abendlicht,
das nun erbarmungslos den See aufblendet
und sich mit ungeheurem Farbenspiel
gelassen dann am Hügelrand verschwendet.

Das zarte Zweiggefieder schlanker Birken
Das ernste Zweiggebreiten steiler Tannen
Der Birnbaum, der im Efeugriff verendet
Silhouettenhaft noch kenntlich vor der Abendglut.

Kattenhorn, 1993

Es war der erste Platz in langer Lebenszeit,
an dem ich schon beim Einzug dachte:
hier kann ich bleiben, um in Frieden
den letzten großen Abschied zu erwarten.

Doch – man kennt das Alter nicht
bis eines Tages es uns unwiderstehlich
in den Rücken fällt
und die Vernunft uns sagt: es ist so weit.

Kattenhorn, 8. 1. 1993

Ob heut für mich zum letzten Mal die Sonne
untergeht
Fast sehen die alten Augen nur
verschwommenen Schein
wie schnell verschwindet mir die Klarheit in
die Nacht hinein.

Seit Menschen denken, wird gerätselt an der
Frage,
was sein wird nach dem Ende unserer Tage,
das ewige Licht? Ewige Dunkelheit?
Ein Weiterleben noch in ungezählter Zeit?

Pasternak sagt, die Unsterblichkeit
besteht so lange nur wir weiterleben
in der Erinnerung der Menschen unserer Zeit
so wurde wohl das Wort „Unsterbliche"
geboren
für Künstler, Musiker und Religionen
doch ohne Werk sind wir verloren?

1994

Mitternacht – am wolkenlosen Himmel
zieht in stiller Majestät der runde Mond
herauf –
die glatte Silber-Seen-Platte
fängt im Spiegel all sein Leuchten auf.

Und im Silbermantel fest umfangen
hält das Mondlicht nun die ganze Welt –
bis er wieder sanft in andere Sphären gleitet
und der Morgen uns auf müde Füße stellt.

Wie gesagt, Margot schrieb leidenschaftlich Briefe. Wie wichtig ihr ihre Briefe waren, die sie mir in großer Zahl hinterlassen hat, zeigt ein Gedicht, das sie ohne Quellenangabe (was sie sonst immer tat, wenn es nicht von ihr war) nur auf einem Zettel geschrieben hat – ob von ihr oder irgendwo abgeschrieben, weiß ich nicht:

1984 – My book

My book – it is written all over my life
In the many letters I wrote.
It is finished now and will never be read
As the letters over the wide world spread
Gone with the wind – flown up to the skies
And when I die, I hope to find them there
No more in earthly ties –

Kattenhorn, 26. 7. 1991 (an den Nachbar)

Ein wunderschöner Abend
sinkt langsam in die Nacht –
wir haben fröhlich gesungen und
getrunken, gegessen und gelacht
unter einem Dach, das nun sechzig Jahr
dem lieben Herrn Scherrer Refugium und
Freude war.

Wir danken für gütige Nachbarschaft
Und hoffen von ganzem Herzen
Dass sein Lebensabend ein guter sein wird
Ohne Krankheit und ohne Schmerzen.

Margot hat verschiedene Gedichte für sich abgeschrieben. Besonders liebte sie – am Bodensee im Alter lebend – von Hermann Hesse das Gedicht „Im Nebel". Und sie hat dazu eine – eher aufrichtende – Gedicht-Antwort verfasst.

Hermann Hesse:

Seltsam im Nebel zu wandern!
Einsam ist jeder Busch und Stein,
Kein Baum sieht den andern,
Jeder ist allein.

Voll von Freunden war mir die Welt,
Als noch mein Leben licht war;
Nun, da der Nebel fällt,
Ist keiner mehr sichtbar.

Wahrlich, keiner ist weise,
Der nicht das Dunkel kennt,
Das unentrinnbar und leise
Von allen ihn trennt.

Margot: „Antwort" 1995 (Auf Hermann Hesse „Im Nebel"):

Seltsam im Nebel zu wandern –
Doch glaub nicht an Einsamkeit.
Sieht auch keiner den andern,
spürt er ihn doch, wenn auch weit.

Spürt ihn wie den Ruch der Erde,
wie Nebel nach stürmischem Wehn.
Spürt ihn wie sachte Hände,
die über das Herz Dir gehn.

Wie der Mond hinter milchigen Wolken
auch ungesehen erhellt,
verschönt ein fernes liebes Wort
auch Deine nahe Welt.

Wahrlich keiner ist weise, der nicht das Dunkel kennt.
Denn erst aus der dunklen Tiefe
der neue Funke entbrennt.
Und was die Tagesgrelle
entzog Deiner inneren Sicht,
siehst Du im Dunkeln leuchten,
siehst und – erkennst das Licht.

Margot hat ihr Gedicht auch auf einer Faltkarte dem Gedicht von Hesse gegenüber gedruckt und leicht gekürzt und ergänzt mit einem Neujahrsgruß auch an Freunde geschickt.

Auch andere Gedichte haben sie so
beeindruckt und beschäftigt und auch zu
ihren Gedichten hat anregen lassen. Ich
nehme sie hier mit auf, weil sie auch
Margots Gedankenwelt verdeutlichen.

Aufgezeichnet hat Margot ein Gedicht von
Goethe, das sie wohl als an sich gerichtet
empfand:

Mancherlei hast Du versäumet
Statt zu handeln, hast geträumet,
Statt zu danken, hast geschwiegen,
Solltest wandern, bliebest liegen.

Nein, ich habe nichts versäumet!
Wisst ihr denn, was ich geträumet?
Nun will ich zum Danke fliegen,
Nur mein Bündel bleibe liegen.

Heute geh ich. Komm ich wieder,
Singen wir ganz andre Lieder.
Wo so viel sich hoffen lässt,
Ist der Abschied ja ein Fest.

Für sich hat Margot auch ein Gedicht von Bories von Münchhausen besonders aufgezeichnet, das sie wohl deshalb sehr berührte, aber auch als Appell an sich auffasste, weil sie sich sehr schwer tat zu akzeptieren, dass ihre Kinder in deren Internatszeit und besonders dann im Erwachsenwerden früh selbständig wurden und sich mehr, als von ihr erwartet, von ihr lösten:

„Der Goldene Ball"

Was auch an Liebe mir vom Vater ward
ich hab's ihm nicht vergolten, denn ich habe
als Kind noch nicht gekannt den Wert der Gabe
und ward als Mann dem Manne gleich und hart.

Nun wächst ein Sohn mir auf, so heiß geliebt
wie keiner, dran das Vaterherz gehangen,
und ich vergelte, was ich einst empfangen,
an den, der mir's nicht gab – noch wiedergibt.

Denn wenn er Mann ist und wie Männer denkt,
wird er, wie ich, die eignen Wege gehen.
Sehnsüchtig werde ich, doch neidlos sehen,
wenn er, was mir gebührt, dem Enkel schenkt.

Weithin im Saal der Zeiten sieht mein Blick
Dem Spiel des Lebens zu, gefasst und heiter.
Den goldnen Ball wirft jeder lächelnd weiter
– und keiner gab den goldnen Ball zurück.

Herbst 1978

Ja, ja – die Blätter färben sich,
die Mähmaschine summt im Wind;
wir müssen uns daran gewöhnen,
wir müssen uns damit versöhnen,
dass Frühling und Sommer vorüber sind!

Doch wirf nicht rückwärts den Blick
Es gibt nur ein vorwärts und kein zurück!
Denn auch im Herbst ist es noch schön,
wenn früh in den Gärten die Nebel stehn.
Auch im Herbst muss man sich noch freuen
können,
wenn auch die Lichter schon tiefer brennen!

Über Stoppelfelder weht jetzt der Wind.
Wer weiß, ob nicht die letzten Rosen
schöner noch als die ersten sind.

70 – und kein bisschen weise…
doch ganz leise kommt die Weisheit
geschlichen und mit gezielten Strichen zieht
sie weiße Streifen ins Haar, sonderbar, und
Fältchen um Fältchen ins Gesicht, du selbst
bemerkst es nicht.

Doch die Kinder und Dein Mann
Sehen dich manchmal lächelnd an:
Jetzt musst Du weise werden,
was hält dich sonst länger auf Erden?

Von Hebbel:

Scuol, 1996, hat Margot aufgezeichnet
„Herbstbild":

Dies ist ein Herbsttag, wie ich keinen sah!
Die Luft ist still, als atmete man kaum,
und dennoch fallen raschelnd fern und nah
die schönsten Früchte ab von jedem Baum.

O stört sie nicht, die Feier der Natur!
Dies ist die Lex, die sie selber hält;
Denn heute löst sich von den Zweigen nur
Was vor dem milden Strahl der Sonne fällt.

Von Liliencron:

Scuol, Sept. 1996 aufgezeichnet:

Schon nascht der Star die rote Vogelbeere,
Zum Erntekranze juchheiten die Geigen
Und warte nur bald nimmt Herbst die Schere
Und schneidet sich die Blätter von den Zweigen.
Dann ängstet in den Wäldern eine Leere,
Durch kahle Äste wird ein Fluss sich zeigen,
der schläfrig an mein Ufer treibt die Fähre,
die mich hinüberholt ins kalte Schweigen.

Von Lenau:

Scuol, 1996, „Herbst":

Rings ein Verstummen, ein Entfärben:
Wie sanft den Wald die Lüfte streicheln,
sein welkes Laub ihm abzuschmeicheln;
ich liebe dieses milde Sterben.

Von hinnen geht die stille Reise,
die Zeit der Liebe ist verklungen,
die Vögel haben ausgesungen
und dürre Blätter sinken leise.

In dieses Waldes leisem Rauschen
Ist mir, als hör ich Kunde wehen,
dass alles Sterben und Vergehen
nur heimlich still vergnügtes Tauschen.

Am 14. 9. 1999, also 8 Monate nach dem
Tod ihres Mannes Erwin, als sie schon 90
war, hat sie das Gedicht von Annette von
Droste-Hülshoff „Letzte Worte" zu ihren
Gedichten gelegt:

Geliebte, wenn mein Geist geschieden,
So weint mir keine Träne nach;
Denn, wo ich weile, dort ist Frieden,
Dort leuchtet mir ein ewger Tag!

Wo aller Erdengram verschwunden,
Soll euer Bild mir nicht vergehen,
Und Linderung für eure Wunden,
Für euern Schmerz will ich erflehn.

Weht nächtlich seine Seraphsflügel
Der Friede übers Weltenreich,
So denkt nicht mehr an meinen Hügel,
Denn von den Sternen grüß ich euch!

Margot hat außerdem noch die bekannten Gedichte „Hälfte des Lebens" von Hölderlin und „Prometheus" von Goethe bei ihren Gedichten aufgehoben. Außerdem hat sie mit Schreibmaschine auf drei engbeschriebenen Seiten ganze Passagen aus Boris Pasternaks Roman „Doktor Schiwago" abgeschrieben, die sich mit Tod, Christentum, Auferstehung und Menschheitsgeschichte befassen (so von S. 17, 83, 93, 146, 147, 148, 153,476, 478, 539, 547, 571, 614).

In Scuol, ein von ihr mit ihrem Mann oft besuchter Urlaubsort, hat Margot (1996?) geschrieben:

„In Scuol habe ich das „Glasperlenspiel" von Hesse gelesen; dachte zuerst nicht, dass ich jemals durch die 600 Seiten käme! Wenn man sagt, das Buch ist wie sein Titel lautet, ist damit fast alles darüber gesagt. Schön und bunt und glitzernd von guten Ideen und glasklarer Formulierung. Es sind darin einige seiner Gedichte, wie das von mir sehr geliebte „Stufen" u. eines, das ich noch nicht kannte („Nach dem Lesen in der Summa contra Gentiles"), das so endet:

„... Doch mag es unseren Enkeln einmal gehen wie uns:
Sie werden uns verklärend sehen
Als Selige und Weise, denn sie hören
Von unsres Lebens klagend wirren Chören
Nur noch harmonischen Nachklang der verglühten
Nöte und Kämpfe schön erzählter Mythen.
Und wer von uns am wenigsten sich traut,
Am meisten fragt und zweifelt, wird vielleicht
Es sein, des Wirkung in die Zeiten reicht,
An dessen Vorbild Jugend sich erbaut;
Und der am Zweifel an sich selber leidet

Wird einst vielleicht als Seliger beneidet,
Dem keine Not und keine Frucht bewusst
war,
In dessen Zeit zu leben eine Lust war

Und dessen Glück dem Glück der Kinder
glich.
Denn auch in uns lebt Geist von ewigem
Geist,
Der aller Zeiten Brüder heißt:
Er überlebt das Heut, nicht Du und Ich.